PÈLERINAGE RÉGIONAL A ROME

Du 11 au 24 Avril 1909

VENDU AU PROFIT

DU

Patronage des Jeunes Ouvriers et Apprentis d'Amiens

109, rue Saint-Jacques.

AMIENS

IMPRIMERIE Augustin GRAU

Succr de Piteux Frères

21, Rue des Augustins, 21

—

1909

A Monsieur l'Abbé DACHEUX,

Directeur du Pèlerinage Régional à Rome,

hommage reconnaissant et respectueux.

H. C.

Grand Séminaire d'Amiens, 27 Novembre 1909.

Chers Pèlerins,

Ces « Notes » trop brèves, parues déjà dans le Bulletin mensuel du Patronage, n'étaient pas du tout destinées à être réunies ici. C'est bien de l'honneur pour des lignes si hâtivement écrites, entre deux heures de classe.

Mais du moins elles revendiquaient un double mérite : celui de n'être point prétentieuses d'abord — ensuite celui d'essayer, par des mots chétifs et impropres, c'est vrai, de rappeler quelques doux souvenirs et quelques-unes des profondes émotions que le Pèlerinage de Rome, en avril dernier, a procuré à mes compagnons de voyage, les jeunes gens du Patronage.

Ceux-ci s'en sont contenté.

Et si l'on a le facile avantage d'évoquer, à côté de ce pâle récit, les narrations superbement complètes qui l'ont précédé, je répondrai le plus gentiment possible, en me servant d'une comparaison : « D'autres ont gagné bravement « la haute mer et y ont jeté leurs filets aux poissons les plus gros; mais « laissez-moi, humble pêcheur, me contenter du fretin des bas-fonds et des « sables du rivage. »

H. C.

PÈLERINAGE RÉGIONAL A ROME

11-24 Avril 1909.

Une Présentation en règle.

Lorsque le voyageur, harassé, arrive enfin au terme de sa course et se retourne pour considérer le chemin parcouru, un sentiment de satisfaction et de ravissement l'envahit et c'est là sa meilleure récompense. Puis, rentré au sein de sa famille qui l'a suivi de loin à chaque étape, il raconte les incidents de la route, les joies éprouvées, les mille péripéties du voyage... C'est une sorte de chapelet qu'on égrène dans l'intimité.

Tels étaient, fatigués mais ravis, six jeunes gens du Patronage quand, revenant de Rome, ils débarquaient, il y a quelques mois, en gare d'Amiens. Sans doute ils ont déjà dit et redit à leurs camarades de quelle façon leurs journées furent remplies; il me faut, à mon tour, les revoir une à une et les narrer à cette autre grande et belle famille qu'est le Patronage : c'est un acte de gratitude envers les bienfaiteurs et un acte de charité envers les moins favorisés qui demeurèrent à l'atelier ou au bureau, penchés sur le labeur quotidien.

Notre petit groupe avait, je vous asssure, quelque allure : au total, nous étions neuf, dont six jeunes gens du Patronage.

Numérotez-vous : Clowez Paul, le sommeil incarné, n'est heureux que dans son lit ou à Amiens. Pourquoi a-t-il fait le voyage? Cruelle énigme. — Ce dormeur est aussi un rêveur sentimental qui ne dit pas grand'chose mais n'en pense pas moins des choses fort « claires » sans doute pour lui seul, car un observateur peut surprendre sous sa moustache blonde un fin sourire mystérieux. A quoi rêve-t-il? Cruelle énigme — Ce beau ténébreux n'a pas eu de chance; son nom a été mutilé par les Italiens de la belle manière ; porte perpétuellement une barbe de patriarche. Pourquoi? Cruelle énigme. Mais je pense que cette énigme se résoudra de la plus *Claire* façon dans quelques mois.

Tavernier Paul, mobilisé pour la circonstance agent des Voyages Pratiques; jovial et affairé; sa « bâche » circule tumultueusement parmi les pèlerins; il remplit sa fonction avec conscience et bonne volonté.

Gaillard Joseph, comptable, jongle avec les louis et les francs, seconde précieusement le Secrétaire du 2ᵉ train, trésorier du groupe, sage et économe. C'est lui notre « frère » nourricier, aussi nous ne lui avons pas fait de misères.

Thiébout Louis, un calme qui sait y faire : on en eût la preuve lorsque subtilisant au buffet récalcitrant une bouteille d'eau minérale, il s'aperçut un peu tard que le liquide était du vin blanc. Ce placide est un roué sans s'en douter. Nous lui décernons, à l'unanimité, une médaille de chocolat.

Corne Raymond et Renaud Demond, qu'un contemporain amiénois dénomme « les petits Cadots ». A eux deux ils font un Cadot entier et ce dernier doit se complaire en les regardant porter gentiment leur sacoche en bandoulière. Je vous présente là la petite main d'œuvre du pèlerinage.

S'est adjoint à notre caravane un gentleman-farmer, Depoilly Bernard, le turbulent de la bande; pilote de paquebot et dévisseur d'ampoules électriques; gosse du compartiment à qui l'on pardonne bien des choses car il aime à rendre service.

Enfin le neveu et l'oncle. Vous connaîtrez le premier à la longue; quant au second tout le monde le connaît avant le départ, car malgré son ampleur il est partout à la fois, criant, courant, soufflant, gesticulant... « Mon oncle, disait l'abbé, on s'me l'arrache. » En voilà un qui n'aime pas attendre!! « Mais pressons-nous, pressons-nous!... » « Qu'est-ce que vous faites donc? Voilà une heure que j'attends. » Elle est sévère celle-là ! Il n'y a pas cinq minutes... Mon oncle c'est le Pèlerinage en ouragan (*).

Départ. — La Direction n'a pas de place. — Le problème
des déjeûners. — En Suisse.

Nous partîmes donc les uns d'Amiens au soir du Lundi de Pâques, les autres de Paris le mardi matin. Ce second groupe, le plus important, fut le mien, vous êtes bien forcés de le suivre. Nous laisserons par conséquent M. Cadot « et ses petits » nous ouvrir la route en éclaireurs et nous nous installons dans notre compartiment, en gare de Lyon. Mais quand

---

(*) On conviendra que diriger plus de 500 pèlerins à Rome n'est pas une petite affaire. M. l'abbé Dacheux, directeur du Pèlerinage, a assumé la lourde tâche d'organisateur et s'en est acquitté avec un tact parfait et beaucoup de bonheur ; M. Junot, directeur des « Voyages Pratiques » de Paris, a pu, grâce à son intelligente activité et aux soins complaisants de M. de Thorigny et de ses agents, forcer, au prix de quels efforts ! la satisfaction de tous les pèlerins.

On conviendra donc également qu'à ces directeurs, le premier au spirituel, le second... au restaurant, quelques modestes mais sincères compliments fussent adressés — et aussi notre meilleur merci.

je dis que nous nous sommes installés, c'est une façon de parler, car au moment de prendre possession de nos places « réservées » s'il vous plaît, nous dévisageons avec stupeur 6 personnes, curés et dames de tout âge qui siégeaient, très tranquilles, sur nos six places. Ça faisait 12 voyageurs pour un compartiment de 3e classe. On se regarde, verts. Mais il est 8 h. et un coup de sifflet strident nous interdit de descendre. Le train s'ébranle.... et nous esquissons notre signe de croix malgré notre départ un peu drôle. En effet, un curé narquois nous lorgne, dans son coin, derrière ses lunettes ; une demoiselle de Chartres se paie déjà notre tête et une forte dame à l'allure imposante — sa tante — s'effare devant notre invasion. Fort heureusement nous sommes en wagon-couloirs : nous circulons, anxieux, tandis que l'un de nous essaie de caser nos bagages et qu'un autre, une liste en main (car remarquez, entre parenthèses, que nous sommes les aides de la Direction du Pèlerinage !) essaie de découvrir une erreur en répartissant les voyageurs dans leur respectif compartiment ; mais aucun nom ne concorde avec ceux de la liste. Alors, des prunes ! on remise la liste, chacun se loge où il peut et nous n'avons pas dépassé Fontainebleau que la paix règne dans le wagon et y régnera jusqu'au bout. « Ma tante », seule, pas rassurée du tout, tient sa saccoche à deux mains et appelle M. Cadot... qui est en Suisse.

Laroche, 10 h. 30. — Notre train qui porte allègrement ses 300 pèlerins file rapidement. Nous distribuons le long du train des diners en paquets ce qui commence à rassurer « ma tante ». Elle se demande s'il ne faut pas voir en nous la Providence alimentaire du train, et je pense que c'est grâce à cette fonction que nous avons dans la suite capté sa confiance. Le train démarrant subitement nous escaladons tous une 2e classe. Là, ils gisent mornes et effondrés comme les naufragés du radeau de la Méduse. Pas de vivres. Pourtant nos 300 pèlerins ont été pourvus de 320 diners : ce problème d'insuffisance est, jusqu'à ce jour encore, resté sans solution nette. Des pèlerins, à 2 heures de l'après-midi réclament leur dîner : ce sont des ogres et des ogresses.

Dijon, 1 h. 20. — Partis, de quelle façon ! en espèce de métro 3e classe, nous échouons en fin de compte dans un compartiment vide de 1re, baptisé instantanément compartiment de la Direction. C'est là la place-forte du train. Sur le champ d'un bout de couloir à l'autre on campe des dressoirs fragiles, tables improvisées sur des valises où le vin déborde des timbales et inonde le pain et le jambon. Rien n'est plus intéressant que ces dinettes en wagon ; on fourrage dans son sac en explorateur et l'on a l'air de faire de véritables découvertes ; car ils sont pleins de mystères ces sacs ; l'un tire une cuisse de poulet et une orange et un autre brandit une côtelette... La fraternité y gagne : on donne du pain et en échange on vous offre du rhum ; à la fin on bavarde en grillant une cigarette.

C'est ainsi que nous arrivons à Pontarlier vers 4 h. 1/2. Le sol depuis quelque temps ondule et se boise ; parfois tout un coin de forêt sauvage surgit aux vitres des portières. Plus nous approcherons de la Suisse et plus ces sites seront remarquables. Les sapins aux troncs immenses courent le long du train et à Valorbe ils se serrent en bataillons compacts et sombres car le temps s'est couvert ; la pluie ruisselle sur des quartiers de roc formidables. Nous ne sommes pas peu surpris d'apercevoir de grands parcs de neige en pleine forêt et même près de la voie ferrée. La nuit tombe ; nous sommes en Suisse sans nous en douter car la douane a été très expéditive. Enfin nous arrivons à Lausanne à 6 h. 1/2 à nos montres françaises et à 7 h. 1/2 en gare Suisse. Nous vivons vite, ici. Un bon souper et un bon lit nous attendent. Les intrépides vont faire des emplettes de cigares car la pluie a cessé ; les plus sages vont se reposer.

Une Matinée en Suisse. — Le Simplon. — En Italie
Le Trac de « ma Tante ».
Un Souper original avec Toast retentissant. — Prière du soir.

Le lendemain matin le temps est superbe. Du haut du balcon de ma chambre j'admire le décor des Alpes suisses qui ceinturent le lac de Genève.

A 8 heures nous sommes déjà repartis dans un train suisse, cette fois, qui a cet avantage de ne pas mettre de séparations entre les compartiments, du moins en 3ᵉ classe. Nous avons, en effet, réintégré notre domicile que nous ne quitterons plus guère à cause de la joie qui y règne. On renoue connaissance et l'on admire le lac et les montagnes que le train longe pendant une heure. Et c'est une vraie fête pour le regard : le ciel lavé est prometteur ; les pics neigeux prennent, sous les premiers rayons, des couleurs changeantes, passent du vert sombre au rouge-cuivre. Quelques mouettes voltigent sur les eaux bleues qui miroitent ; une barque de pêcheur largue ses voiles... Ce paysage d'opéra-comique est tranquille et pénétrant. De l'autre côté du lac de petits villages et de coquets chalets sont parsemés au hasard ; on ne sait, de loin, comment ils tiennent debout, tellement ils paraissent fragiles près des abîmes. Après avoir quitté le lac nous retrouvons les sapins au milieu desquels des cascades dévalent des pentes. Puis, à 10 h. 1/2, nous entrons pour 25 minutes dans le tunnel du Simplon. Les jeunes fument ; les curés disent du bréviaire ; « ma tante » récite ses prières avec volubilité ; moi je dors...

. . . .

11 heures. — Ouf ! J'ouvre les yeux à la lumière, sur le sol italien, en gare d'Iselle. Le premier personnage que j'aperçois est une espèce de mineur, dont le casque de toile cirée s'orne d'une plume de canard :

c'est un simple gabelou; le deuxième, que je prends pour un officier d'état-major avec sa casquette rouge à trois ponts galonnée à plaisir: c'est le sous-chef de gare... Confus, je réintègre ma place et y trouve un déjeuner en panier qui me tend son anse. Enfin, nous allons donc manger ! Par exemple, durant les trois quarts d'heure de mastication du veau italien, nous avons joui d'un des plus jolis spectacles de notre voyage : nous côtoyions le lac Majeur, superbement bleu, au milieu duquel émergent les quatre délicieuses petites îles Borromées : blotties dans le feuillage des palmiers et des bosquets d'orangers, ces villas étagent en ordre leurs chalets aux toits rouges. Chacun pense : Vivre ici, quel rêve ! Au loin, sur l'autre berge, les Alpes autrichiennes se dressent luisantes sous le plein soleil de midi...

L'Agence des « Voyages Pratiques ».

L'estomac et l'esprit rassasiés, une sieste joyeuse commence; les mauvaises digestions se balladent dans le train, cherchant et trouvant des secousses; les bonnes jouent aux cartes; on s'appelle par des noms d'animaux ou de fleurs; je crois m'être nommé: rhododendron ! On chante à tue-tête des cantiques, des marches, des chansonnettes. Quelques échos sonores de ces fameux refrains retentissent encore à mes oreilles : « C'est le rat ! C'est le rat !... » — « Pa-ra-pluie ! Pa-ra-pluie !! »

— « Chapeaux, chapeaux, chapeaux... » etc. Et l'après-midi se serait, entière, déroulée dans ce calme juvénile et heureux sans... Ah ! mes enfants, quelle panne ! Figurez-vous que notre train stoppe sous un tunnel que nous traversions depuis déjà dix minutes ; des employés courent en hâte sur la voie (et pour qu'un Italien se mette à courir, vous savez !...) Nous précédons, paraît-il, de cinq minutes un express... Au dehors, la nuit est noire. Un grand escogriffe lyonnais agite ses abatis gigantesques en criant que la queue du train n'a pas de lanterne et s'en va en jetant le sauve qui peut ! Les dames tombent en pamoison ; « ma tante », pour une fois perd son assurance, se jette à genoux au milieu du wagon et les bras en croix recommande son âme à l'Éternel... Tout d'un coup, un train arrive à toute vitesse, — ça y est, nous sommes flambés ! — sur la voie parallèle, heureusement, en sens inverse de la nôtre et s'enfonce sous le tunnel, tandis que nous sortons enfin, quittes pour la peur... On respire un peu l'air du soir et quelques lumières nous annoncent Gênes. Mais, ô stupeur, Clowez ne s'est pas douté un seul instant du danger qui nous a menacé : il dormait pendant ce temps là à ronflement que veux-tu. C'est beau l'innocence ! Il a fallu taper dessus pour le faire venir souper à Gênes. Ce souper nous l'avons conquis à la course. Sous le hall immense de la gare, 300 couverts nous attendent : nous prenons place à la tribune, près du plafond vitré et nous absorbons notre potage au riz et une aile de coq de gare au macaroni, devant un paysage de locomotives en manœuvres et sous les feux sanglants des sémaphores.

Chut ! Un toast : Mgr l'Évêque d'Évreux parle : « Quelles que soient... (bravos) quelles qu'aient été... (bravos) les difficultés de la dernière heure... (applaudissements). » Voilà tout ce que j'ai saisi du discours ; je n'ai pas entendu la suite, mais ce début, ça, je vous affirme que je l'ai entendu et plus d'une fois. A 9 h. 1/2 nous sommes réunis à nouveau. On fait la prière. Tableau : tout le monde est à genoux ; le prêtre officiant se tient au milieu de l'allée et récite... La porte s'ouvre, une dame, de son vrai nom, M⁻ᵉ Verville de Saint-André, s'avance majestueuse... Paf ! Un léger cahot l'envoie tête baissée sur la poitrine du prieur estomaqué. C'est très vilain de rire aux éclats pendant la prière, mais je vous assure que dans la circonstance, pour la continuer jusqu'au bout, sérieusement, nous y avons eu du mérite. Peu de temps après, le môme Depoilly est à son affaire : il s'agit de faire la nuit et pour décrocher une ampoule électrique en un tour de main, il ne craint aucune concurrence. On se pelotonne sur une banquette, on s'emmitoufle : Bonsoir la compagnie !

Rome. — Pas de logis. — Le Colisée. — Ballades romaines. Un lit bien gagné.

On se réveille le lendemain avec la certitude de voir Rome dans quelques heures. Les bouteilles italiennes à long col nous servent de lavabo. C'est primitif, mais si pratique ! La plaine que nous traversons est toute verte, avec un rideau de collines à l'horizon. Le soleil se montre et la rosée de toute cette plaine étincelle.

Civita-Vecchia, 8 heures. — La mer Tyrrhénienne, calme et solitaire nous envoie sa fraîcheur. Nous ne sommes plus qu'à une cinquantaine de kilomètres de Rome. Toutes les têtes sont aux portières. Et lorsque nous apercevons vers 9 h. 1/2 les dômes de la ville, un hourrah s'élève.

A l'arrivée, prestement, parmi la bousculade nous envahissons un fiacre et nous voilà cahin-caha parmi les rues de Rome. Nous faisons nos premières observations, peu émues d'abord : c'est que nous traversons le quartier moderne, qui ressemble à tous les quartiers du monde : on y trouve ce qu'on a vu partout : des maisons banales, des édifices immenses et inélégants, casernes sans caractère ; pas de trottoir ; nous remarquons seulement que les voitures, se rangent à gauche au lieu d'être à droite ; un seul monument antique : le Panthéon d'Agrippa, énorme calotte de pierre qui s'écrase au milieu d'une place entre un bureau de tramways et un marché aux légumes.

Nous croisons en route mon oncle et ses deux aides ; le bonjour est meilleur sur la terre étrangère ; rendez-vous est pris pour cette après-midi. A l'hôtel naturellement je n'ai pas où loger et me voilà déjà à la recherche d'un abri parmi les rues de Rome. C'est une veine dans ces cas-là d'être parisien et d'avoir un oncle économe. Ce dernier, pour me faire patienter, me donne d'abord à déjeuner, puis m'emmène au Colisée où nous nous retrouvons tous. On reste muet d'étonnement et de respect dans cette colossale enceinte : on pense aux premiers chrétiens qui y versèrent leur sang pour le Christ, devant 100.000 spectateurs.

Un abbé assomptioniste se fait charitablement notre guide et avec lui le goût des choses romaines nous pénètre. Nous passons devant la Meta Sudans où les gladiateurs venaient se laver au sortir du combat, et sous l'arc de Constantin ; puis nos voitures nous emmènent ensuite dans la campagne romaine, vers Saint-Paul-hors-les-Murs, à 2 kilomètres de Rome, où dans une basilique immense, aux mosaïques les plus grandes de l'art moderne, est conservée la moitié des corps de S. Pierre et de S. Paul.

Nous repartons pour nous rafraîchir à Saint-Paul-trois-Fontaines, où S. Paul fut décapité : selon la légende, sa tête rebondit trois fois et trois sources jaillirent de terre ; nous y bûmes de l'eau et aussi un verre de liqueur, offert par un trappiste de nos amis.

Nous revenons de cette très belle promenade à fond de train, non sans poussière et sans accroc, par les rues les moins somptueuses de Rome. Seigneur, quels faubourgs, et quelles senteurs : des boutiques basses présentent à leur étal des piles fantastiques de jambon fumé ; des boucheries où d'énormes cœurs de bœufs pendent aux crocs de fer ; des maisons de bric-à-brac aux murs lépreux, crépis de jaune, des encoignures de carrefour sinistres ; les osteries (cabarets), ressemblent à des caves vieilles et sales ; un coiffeur s'y intitule pompeusement : parruchiere nazionale ! Mais aussi les madones au-dessus des portes d'entrée ont une lanterne allumée tous les soirs...

Nous revenons souper ; quant à moi, vous auriez pu ce soir là me voir à travers le Corso, vers les 9 h. du soir, trimballant ma valise, en quête d'un matelas pas trop dur ; mon oncle m'en a déniché un paternellement et j'adresse ici à sa roublardise la plus vive gratitude.

A Saint-Louis des Français. — Une Recette de mon oncle.
Une Audience du S. Père. — Une après-midi de mollusques.

Le lendemain, de bon matin, les pèlerins picards se rendent à l'église Saint-Louis des Français et y entendent la sainte messe, célébrée à leur intention par Mgr Ardin, archevêque de Sens ; il remplace au milieu de nous le Pasteur de notre diocèse et c'est lui qui, solennellement, bénit le drapeau de la Jeunesse Catholique de Picardie ; cette cérémonie fut d'autant plus touchante, qu'elle avait été précédée d'une vibrante allocution de M. le chanoine Devaux, sur la mission de Jeanne d'Arc et sur la mission du jeune homme chrétien, missions parallèles : écouter les voix de Dieu, défendre sa foi avec le plus pur héroïsme, sacrifier sa vie pour Dieu et la Patrie. Aux accents du cantique « Catholique et Français..... », nous quittons cette église française.

O petit déjeuner romain, mon oncle veut absolument que je raconte ici les délices de ta substance ! J'envoie la recette à tous les chercheurs de sensations rares : Mélangez à doses égales : 1° eau, 2° cacao, 3° lait, 4° chicorée, 5° sucre, et vous aurez un composé des plus visqueux. « Pouah ! » s'écrie Renaud, en repoussant sa tasse. — « Exquis ! » répond mon oncle, en humant la sienne jusqu'à la lie. Je crois que, du coup, nous l'aurions « plaqué » là, s'il ne nous avait alléchés par la promesse de voir le Pape, ce matin-là. Seulement voilà : pressons-nous, pressons-nous... Dare dare, chacun s'en va faire un brin de toilette et une heure après nos fiacres nous déposaient à la Porte de Bronze. Il s'agit de pénétrer avec les Conférences de S. Vincent de Paul dans l'enceinte du Vatican réservée aux cartes d'entrée dont nous sommes dépourvus ; heureusement, notre habileté ne nous a pas manqué et j'eus voulu que vous puissiez constater avec quelle ruse nous nous sommes faufilés, mon oncle en tête, sans avoir l'air d'y toucher, entre les grandes jambes des gardes suisses. Et, sans bien savoir comment, c'est ainsi que nous avons assisté, dans la salle du Trône, à l'audience de Sa Sainteté Pie X. Voir le Pape, c'est pour le chrétien qui vient à Rome pour la première fois, le désir le plus tenace et l'espoir le plus fervent; contempler le Chef spirituel du monde entier, puisque l'Eglise est universelle, avoir devant son regard le Vicaire de Notre-Seigneur Jésus-Christ, le Représentant visible du bon Dieu, c'est expliquer quelle émotion profonde eurent tous les cœurs, dans le plus religieux des silences, lorsque la petite porte d'entrée s'ouvre discrètement et qu'apparaît, blanc, entre la pourpre de deux cardinaux, Pie X. Et, tandis que la voix du président de l'assemblée fait entendre un très long discours, il nous est aisé, en nous levant sur la pointe des pieds, de lire sur le visage du Pape une expression intense de bonté sans limite, et d'immense mansuétude.

ÉGLISE NATIONALE DE SAINT-LOUIS DES FRANÇAIS.

Le Pape se lève; il parle en italien, d'une voix forte; il répond à la supplique en termes énergiques et sobres; le masque des traits a changé; cet homme dont la douceur allait, à nos yeux, presque jusqu'à la tristesse, est soudain devenu le Chef aux ordres précis, aux paroles courageuses et l'on sent, à ce moment, jusqu'à la certitude, que cet homme qui unit ainsi en lui les deux vertus maîtresses de l'Écriture, la douceur et la force, « la douceur des agneaux et la force des lions » est vraiment l'homme Dieu.

On s'agenouille; le Pape, debout, fait descendre sur nos fronts la bénédiction divine; puis, de nouveau, la petite porte s'ouvre et cette robe blanche disparaît comme une vision céleste.

Nous passons l'après-midi à notre guise, dans les rues de Rome, où nous continuons d'observer gens et choses : des officiers superbes en dolman bleu de roi se mêlent à des ouvriers dont la tenue lamentable n'a rien de princier; de vieilles sorcières qu'il nous semble avoir déjà rencontrées, en roulotte de saltimbanques, sur nos routes de France, circulent parmi d'aristocratiques victorias : ce bariolage de costumes et ce mélange intime d'individus de toutes conditions attirent à coup sûr l'attention de l'étranger; ici, les extrêmes se touchent et l'on y est à même d'éprouver les émotions les plus disparates, dans le même moment. La ville est, à ce point de vue assez surprenante : des quartiers quasi-parisiens, tels le Corso et le Pincio, insensiblement vous conduisent en des faubourgs sordides qui les avoisinent et, par contre, de véritables coupe-gorges vous mènent, de dédale en dédale, sur la place de Venise ensoleillée où se campe l'ambassade austro-italienne.

La chaleur est assommante; nous nous traînons tout de même le long du Tibre jusqu'à la Basilique Saint-Pierre, et jusqu'à une église franciscaine très luxueuse que Corne a eu bien du mal à nous faire retrouver : l'église Saint-Joachim. — Nous rentrons ensuite péniblement à notre hôtel et lorsque tombe la fraîcheur du soir, nous nous payons deux heures de ballade dans Rome, à la lueur de l'électricité.

Une visite émue aux Catacombes. — Multiples visites d'églises
Demandez l'apéritif. — Encore des visites d'églises

SAMEDI. — A 5 h. 1/2, debout et à 6 heures nous roulons déjà en voitures qui nous véhiculent d'abord par les rues désertes de Rome, puis à travers la campagne romaine, délicieuse à cette heure fraîche du matin, lorsque l'homme dort encore et que s'éveille la terre. Nous allons aux Catacombes : M. l'abbé Devaux doit y dire une messe spéciale, pour le Patronage. — Après 1 h. 1/2 de marche, nous arrivons chez les PP. Trappistes et nous descendons à la queue leu leu par les galeries souterraines, creusées de niches superposées avec, pour guide, la torche vacillante d'un bon père qui nous conduit à une petite grotte ornée d'un simple autel, d'un crucifix et de deux cierges. Alors, dans cette atmosphère de sainteté qui nous environne, avant la sainte communion que nous allons recevoir, M. Devaux, en une causerie toute simple et cependant émue, évoque à notre âme la vie apostolique des premiers siècles : les murs ici parlent d'eux-mêmes ; et, à ces quelques apprentis qui l'écoutent, le prêtre les conjure, s'ils veulent vaincre la haine autour d'eux, de ressembler à ces jeunes vierges et à ces courageux martyrs qui s'assemblaient dans ces caves, d'être chastes comme eux, d'être forts comme eux en recevant Celui qui fortifie par sa grâce et de s'aimer les uns les autres, comme les premiers chrétiens s'aimaient ..

Nous avons, je vous l'assure, quitté les Catacombes, tout imprégnés des sentiments de foi et d'amour qui animaient leurs réfugiés aux temps des premières persécutions...

En remontant, tandis que nous traversions une galerie très compliquée, j'entendis le P. trappiste conducteur faire, avec un très placide sourire, cette réflexion charmante à une jeune dame du groupe : « Vous êtes à un carrefour où, sans moi, vous pourriez bien dire adieu à la lumière ; je vous défie de vous y retrouver, à moins d'une chance miraculeuse, vous n'auriez plus, madame, qu'à vous étendre avec la plus grande résignation dans une de ces tombes latérales et attendre, comme une petite sainte, que le Paradis vous soit ouvert. » La « petite sainte » n'a pas du tout trouvé la proposition charmante.

Nous revînmes au galop à Rome et nous y avons visité une foule d'églises et de monuments romains : S. Jean de Latran, Ste Marie Majeure, S. Pierre-aux-Liens, Ste Croix de Jérusalem (où sont exposés une très remarquable relique de la Croix du Christ, un clou et une épine de la couronne), la Scala Sancta dont nous gravîmes les marches à genoux, etc. Vous n'attendez pas de moi la description intérieure et extérieure de tous ces lieux ; je n'en finirais pas, et d'ailleurs, j'avoue que mon infidèle mémoire est capable de confondre maintenant S. Jean de Latran et Ste Marie Majeure, alors vous comprenez...

Toutefois, Renaud m'en voudrait trop de ne pas faire une exception en faveur du cimetière des Capuccini (pour le chic de la prononciation, adressez-vous à Renaud). Chacun sait, au Patronage, que M. Cadot est tout ce qu'il y a de plus calé en fait de liqueurs, apéritifs, etc... Sa bonté, avant d'aller ingurgiter le cataplasme de riz au fromage qui nous attendait à l'hôtel, nous a payé l'apéritif, un apéritif singulier et macabre ; il nous a donc mené à... (voir Renaud). On fait là une promenade suggestive dans des chapelles où les autels sont formés de tibias et de fémurs qui en sont les colonnes ; où les tabernacles sont des assemblages d'omoplates ; où les lampes de sanctuaires sont de délicats bijoux composés de crânes minuscules agencés en circonférence autour d'un crâne plus conséquent avec le meilleur goût et la plus artistique des combinaisons. Ajoutez à cela que ces chapelles, au nombre d'une dizaine, sont pavées et murées

par des cadavres de capucins avec ou sans leur bure, qui nous regardent
avec des yeux caves, ouvrent des mandibules, sans dents, et vous... Ah !
c'est assez ; si vous voulez de plus amples renseignements, Renaud se
fera un plaisir, oh ! combien ! de vous les fournir. Nous abandonnons ce
cimetière pour rejoindre mon oncle qui nous attend affalé au fond d'un
fiacre. Il n'a pas besoin d'apéritif, lui !...

Au courant de mes souvenirs, nous n'avons pas chômé cette après-midi ;
nous avons visité, en compagnie de deux abbés, qui, gentiment se sont
mis à notre disposition, la Minerve, le Panthéon, Saint-Jean-Baptiste des
Anglais, le Capitole, l'Ara Cœli, le Forum, la Prison Mamertime, où fut
incarcéré S. Pierre, S⁽ᵗᵃ⁾ Maria in Via Lata, etc... Nous nous sommes
endormis, le soir venu, avec, dans l'âme, tout un monde de basiliques
où les toiles lumineuses, la splendeur des étoffes, la profusion des ors et
des pierreries se confondaient en une harmonie glorieuse de bonheur et
de beauté.

Une journée dans la basilique Saint-Pierre : la Béatification de Jeanne d'Arc.
Un photographe très aimable. — Au Vatican.

DIMANCHE. — C'est aujourd'hui la fête de la Béatification de notre fille
de France, JEANNE D'ARC. Nous étions tous présents dans la Basilique de
Saint-Pierre, lorsque commence le défilé des évêques et des archevêques,
tandis que le chœur de la Basilique, inonde de clartés radieuses la gloire
où, tout à l'heure, apparaîtra la figure de Jeanne, lorsque le cardinal
Rampolla fera lecture du décret de béatification.

Ce moment arrivé, le voile, qui cachait à nos yeux le tableau de la
Bienheureuse en tenue de guerre, tombe et de nouvelles gerbes lumineuses l'illuminent dans une apothéose ravissante. A cet instant même,
la chapelle Sixtine attaque le *Te Deum*, avec une furia qui entraîne la
foule conquise qui chante de tout cœur.

Mais c'est le soir, au Salut de cinq heures que le spectacle fut vraiment
imposant et inoubliable. Le Pape, absent le matin, viendra dans la basilique ; c'est pourquoi, dès 1 heure, une immense multitude se presse dans
Saint-Pierre. Nous sommes arrivés vers 2 h. 1/2 pour trouver un petit
bout de place au 3ᵉ rang d'une tribune ; c'est peu, il a fallu cependant
pour ne pas se voir délogé, y rester jusqu'à 5 heures debout et inébran-
lables. Patienza ! Patienza !... Mais au moins à 5 heures exactement, les
gardes suisses, les gardes nobles, etc., ouvrent la marche du cortège,
parmi les milliers de personnes entassées dans la grande nef ; nous qui
sommes un peu haut perchés, nous la comparons à un champ de blé sous
une rafale, car on se hausse, on se bouscule pour voir le défilé semblable

à celui de ce matin ; les chambellans, les camériers en pourpoint Henri III, les officiers de cape et d'épée, les chanoines passent, les évêques, les archevêques, les cardinaux… Voici Pie X sur la sedia, oscillant légèrement dans le balancement régulier de la marche des porteurs et bénissant avec la plus grande simplicité. Et à ce moment, il me venait à la pensée que l'homme devant une mer humaine aussi compacte et dont l'ardente sympathie était si évidente sur tous les visages et dans les milliers de mouchoirs qui s'agitaient, était incapable de ne pas avoir une pensée d'orgueil, une expression joyeuse au moins de conquête et de victoire… Et cependant, quand le Pape passa devant moi, c'était bien le même visage empreint

LE GROUPE DU PATRONAGE.

de douceur un peu triste, auquel ne manquait, certes, pas l'autorité. On le vit bien, quand d'un geste bref, il arrêta quelques applaudissements qui, malgré la défense, se faisaient entendre ; puis, il continua de bénir dans le plus profond silence. Une seule fois, un léger sourire effleura ses lèvres ; c'était le lendemain, à l'audience accordée aux Français, dans Saint-Pierre, lorsqu'au moment de disparaître pour la dernière fois, après avoir baisé le drapeau de la Jeunesse catholique Orléanaise, le Pape se retournant a donné, en sentant probablement tout l'enthousiasme et toute

l'émotion contenue dans la foule, une bénédiction suprême, large et
joyeuse. Mais en cette fête, où chacun eût voulu répandre une allégresse
débordante, Pie X vint et s'en alla entre nos rangs avec la bienveillance
la plus calme. De ce fait, la cérémonie n'a manqué ni de grandeur ni de
dignité.

LE PATRONAGE ET LE DRAPEAU DE LA JEUNESSE CATHOLIQUE PICARDE.

LUNDI. — Notre dernier jour en la Ville Éternelle, marque une attention des plus aimables de la part d'une de nos célébrités amiénoises les
plus simplement cordiales avec les jeunes gens du Patronage. On va faire
de la photo. Et afin de trouver un joli cadre et un charmant écrin pour
les bijoux que nous sommes tous, y compris M. Cadot, nous gravissons,
ce jour-là, les pentes fleuries du Pincio. Nous passons devant la villa
Médicis, en quête d'un endroit favorable ; enfin, au sommet de la colline,
avec, pour horizon, la Ville de Rome et ses splendides monuments qui
se dressent dans la brume... clic!... nous sommes pris par la boîte ma-
gique. Nous continuons notre promenade par la villa Borghèse, le bois
de Boulogne de Rome, où croissent palmiers, cactus gigantesques, nar-
cisses délicats et violets iris.... toutes ces plantes foisonnent magnifi-
quement et de ce parc trop riche et de cette colline exotique font, au

printemps, un jardin de parfums. Un coup d'œil à la fontaine hydraulique dont le balancier fonctionne à l'aide d'un riquiqui d'eau, déversé de seconde en seconde, alternativement par deux petits chérubins mécaniques ; puis, avant de quitter ce frais paysage, l'appareil photographique s'empare encore de notre image, sous un berceau de verdures avec, pour panorama, la colline Vaticane et la Basilique Saint-Pierre qui surgit, puissamment vigoureuse, dans le lointain.... Ne désespérez pas de voir un de ces jours notre gaillarde attitude se profiler cavalièrement sur l'écran du patronage.

L'après-midi fut consacrée à visiter le Musée du Vatican, si célèbre par ses sculptures et ses collections uniques d'architecture et les jardins si vastes que je ne m'étonne plus maintenant que le Saint Père s'y promène en calèche. Au milieu de notre promenade, nous faisons une prière auprès de la reproduction assez exacte, mais en proportions moindres de la Basilique et de la grotte de Notre-Dame de Lourdes, puis nous nous reposons sur l'herbe, non loin des lions de Ménélick, dont la nonchalance est en tous points comparable à la nôtre.

Départ de Rome. — Florence. — Une Présidence qui tombe. Séjour à Bologne. — Débarquement nocturne à Venise.

Hélas ! tout a une fin, à Rome comme ailleurs, et nos derniers moments s'écoulent rapidement en préparatifs. C'est ainsi qu'après avoir admiré bien des merveilles, à Rome, nous terminons la série, vers les 10 h. 1/2 du soir, par la gare, guère merveilleuse, où notre train nous attend. Nos figures ont l'air d'être en papier mâché, sauf celle de Clowez qui jubile de prendre son retour pour Amiens. Comprenez, si vous pouvez, pourquoi cet être-là est venu à Rome, attendu qu'il n'a qu'un désir : Amiens. Encore une fois, la chose n'est pas CLAIRE... Ce qui parvient à nous égayer, c'est de retrouver au complet notre compartiment ; « ma tante », que nous revoyons après quatre jours de séparation, nous est rendue ; on se raconte ses impressions ; on danse ; de telles effusions ne se décrivent pas ; le principal est que les pèlerins de 3e classe ont retrouvé leur belle humeur ; ils l'ont même si parfaitement reconquise que je suis allé, pour une fois, vers une heure du matin, chercher du repos..... en 1re classe.

Cinq heures après, l'arrivée à FLORENCE, où nous stationnons, interrompt brusquement mon petit somme et après un déjeuner qui creusa singulièrement la bourse plate de notre financier Gaillard, nous commençons une de ces ballades fatigantes qui consiste à faire tout voir en une matinée. Nous nous traînons d'église en église et de rue en rue lamentablement. La coupole de la cathédrale nous écrase ; et s'il n'y avait l'Arno qui coule vert et large à ses pieds, et des montagnes de fleurs aux vives couleurs sur ses soubassements, le sombre palais Strozzi, noir et clos, avec ses blocs de pierre et ses ferrures, nous semblerait une citadelle de guerre. — Afin de faire provision d'énergie nous allons dîner au restaurant, dîner de 350 couverts, présidé par... L. Thiebout.

Vous dire comment une telle dignité lui parvint, je ne sais, mais je vous affirme qu'il l'eut, et solennelle encore, avec une gerbe de fleurs devant son assiette. Mais, vanité des vanités ! le premier plat du jour n'était pas achevé qu'un nouveau président renversa le premier et gouverna à sa place. C'est ainsi, mon pauvre Thiebout, que passent la gloire et les honneurs... Fort heureusement son bon caractère sut philosophiquement supporter ce revers de fortune.

Une longue et très intéressante visite au remarquable Musée national, dont nous ne vîmes qu'une minime partie, nous fit très agréablement passer notre après-midi en compagnie des beaux-arts florentins. Si je reviens jamais à Florence, je retournerai au Musée national.

Bologne. — C'est par un soir superbe que nous débarquons à Bologne. Notre train avait traversé une cinquantaine de tunnels, parmi de jolies collines et au-dessus de nombreuses cascades d'écume. Le soleil se couchait, je me rappelle, en une féerie d'incendie et le ciel rouge allumait ses forges mystérieuses au-dessus de la calme petite ville, où nous avons couché, une petite ville bien proprette de 140,000 habitants, aux places pleines de lumière, aux arcades grêles et blanches. La douce clarté de l'endroit, la belle architecture et la vivacité méridionale des physionomies, tout cela, avec une bonne nuit et de paisibles promenades, nous a laissé une excellente impression de bonté et de quiétude. J'ai compris à Bologne, pourquoi il a suffi aux artistes italiens de transporter leurs rues et leurs campagnes sur un pan de mur ou sur un bout de toile pour présenter à l'admiration des siècles un type idéal de l'homme et de la nature, car, ici, la beauté resplendit comme autrefois, aux temps où les chefs-d'œuvre, année par année, peuplaient ces palais et ces églises. Aussi, est-ce avec regret que nous reprîmes notre train, vers midi. Nous filons maintenant sur Venise. Un arrêt de deux heures à Padoue nous permet de monter en tram et d'aller faire nos dévotions à S. Antoine (vous étonnerai-je en vous apprenant que c'est le préféré de « ma tante » ?) puis nous revenons nous réinstaller sur nos banquettes, où jusqu'à Venise nous avons donné le plus cacophone des concerts : sifflets, harmonica, trompettes, au nombre de douze, ont appris tumultueusement aux Italiens ce qu'est l'harmonie française. Tandis que nous sifflons et chantons à tue-tête, nous nous apercevons. aux portières, que le sol se coupe de marais et de petites lagunes ; nous approchons. Bientôt c'est la mer elle-même qui se découvre à nos regards, très lisse que des caresses d'air, car le jour diminue, font rapidement frissonner. Nous entrons en gare et un bateau à vapeur nous conduit une demi-heure après au LIDO, une île verdoyante comme un jardin, non loin de Venise. C'est là que, non sans mal, nous avons dressé, pour la dernière fois, notre tente. J'en connais qui s'ingénièrent à faire quatre lits, de trois qu'on leur avait donné ; j'en connais surtout un autre qui a trouvé le sien au 6ᵉ étage, vers les 11 h. 1/2. Mais quoi ! est-ce qu'on dort à Venise ! ....

Venise : Saint-Marc ; les Pigeons ; la Poissonnerie ; Gondoles.... Concert nocturne.

Le lendemain, de bonne heure, vite en bateau qui nous débarque près de la basilique Saint-Marc, dont je renonce à vous dépeindre l'originalité byzantine et l'énorme richesse.

LES PIGEONS DE VENISE.

Après la messe du pèlerinage, nous déjeunons et servons à déjeuner aux bandes de pigeons qui s'abattent sur nos bras, nos épaules et becquètent dans le creux de notre main. A ce concours de déjeuners, le 1ᵉʳ prix revient à Renaud Démont, comparable à S. François d'Assise, pour son talent de charmeur d'oiseaux.

Puis, mon oncle se constitue notre guide : ce que nous fait visiter M. Cadot est toujours très merveilleux. A Venise, ce matin-là, il nous a conduit..... à la Poissonnerie ! devant un écroulement de sèches huileuses baignant dans une sauce à l'encre. Il a eu le toupet de demander le prix. Est-ce pour en faire manger à la Maison de Famille ? Préparez-vous. Il faut lui rendre justice : afin de compenser, il nous a payé une promenade en gondole le long du canal, avant d'aller déjeuner, et sous le Pont des Soupirs nous exhalons une plainte lugubre et énergique. Après déjeuner, on se partage : les uns vont au bord de l'Adriatique, les autres — dont je suis — vont en gondole ; on est à Venise, c'est pour se gondoler ; la lagune est d'ailleurs très belle sous un clair soleil, mais froide. Pour ma part, je me suis gondolé toute la journée. Après souper, comme il y avait concert sur l'eau, Tavernier et moi nous sommes repartis. Ce concert nocturne au milieu du grand canal, sous le ciel poudreux d'étoiles et criblé d'étincelles, est un ravissement ; je le comprends maintenant. Mais, hélas ! nous n'avions pas un état d'esprit assez sérieux pour goûter les « funiguli, funigula », que nous entendîmes sur les violons et les mandolines.

Nous revînmes tard, par le dernier paquebot ; — mais quoi ! quand reverrons-nous Venise ? — et je me rappelais en me couchant, les vers d'A. de Musset :

> *Une heure est à Venise — heure des sérénades*
> *Lorsqu'autour de Saint-Marc, sous les sombres arcades,*
> *Les pieds dans la rosée et son masque à la main,*
> *Une nuit de printemps joue avec le matin....*

Un retour à fond de train. — Station rapide à Domrémy. Amiens sous la pluie. — Kénavo !

Le sommeil fut rapide et le retour en France aussi. On « brûle » MILAN, où nous devions nous arrêter quelques heures ; nous retraversons la Suisse, pendant la nuit. Le matin, visite de douane à Domodossola, où je dus payer pour une boîte de cigares chipée à « mon oncle » et nous saluons bientôt notre terroir français. On va donc enfin pouvoir se faire comprendre et ne plus entendre de charabia. Belfort, Epinal, courent vertigineusement devant les vitres de nos portières, car le train se dépêche. Il devait pourtant arriver, avec 1 h. 1/2 de retard à DOMRÉMY, couronnement de notre Pèlerinage. La Vierge guerrière béatifiée à Rome, nous allons lui rendre visite dans sa basilique, où Mgr FOUCAULT nous souhaite la bienvenue : nous sommes les premiers pèlerins français venus de

Rome à Domrémy. Avec ferveur, nous prions Jeanne d'Arc pour notre Patrie, nos familles, le Patronage, et nos bienfaiteurs. Et après s'être confortablement restauré et avoir fait l'assaut de la maison de Jeanne contre un gardien grincheux et anticlérical, nous grimpons une dernière fois dans notre train qui met le cap sur Amiens, en abandonnant le long du chemin des groupes régionaux adjoints à notre pélerinage. C'est la dislocation qui s'opère. Elle a déjà commencé à Venise, pour notre compartiment, avec le départ de « ma tante » ; elle se continue tristement à Châlons, Reims et Laon. Plus de boute-en-train !

Pour comble, nous arrivons à Amiens par une pluie des plus battantes, tandis que nous avions été favorisés de 15 jours superbes pendant le voyage.

Et me voilà maintenant au bout de mon compte rendu, très imparfait, nul plus que moi ne s'en rend compte ; mais si indigent qu'il soit, à l'instant de le terminer me voici tout ému. C'est qu'il représente deux semaines de joie sans nuage, dans une vie si fraternelle et si cordiale ; notre compartiment formé d'éléments très divers était si uni et si joyeux. Ah ! puissent-ils être heureux dans la vie, comme en ce voyage, mes juvéniles et passagers compagnons : c'est le souhait que leur expédie de tout cœur...

MON N'VEU,

Pour copie conforme :

H. CADOT,
Séminariste au Grand-Séminaire d'Amiens.

www.ingramcontent.com/pod-product-compliance
Lightning Source LLC
Chambersburg PA
CBHW061849060726
47597CB00008B/3637